星期八
优学力系列

数学
原来这么好玩 ①

3~8岁
数学基础
养成书

星期八编辑部　编著

北京理工大学出版社
BEIJING INSTITUTE OF TECHNOLOGY PRESS

赢在数学的起跑线上 数量与逻辑

文／蔡慧如

父母都担心自己的孩子"输在起跑线上",特别是谈到学"数学"的时候,孩子什么时候应该开始学数学最好、要用什么方式学、该学些什么,是大多数父母心中的疑问。如果父母本身学习数学的早期经验不佳,则更希望能为孩子提早做好准备。

这是一套为3~8岁孩子设计的数学游戏书,它们以孩子熟悉的主角人物、活泼生动的内容,巧妙地带入学龄前后孩子需具备的数学概念。题目设计由浅入深,让孩子在游戏中配合实物操作,有计划地且自然而然地接触数学、认识数学,建立基础概念。只要父母耐心地引导孩子完成书页中的游戏,孩子就能一步步走入数学的世界,赢在学习的起跑线。

有趣的学习方式

本书的主题为数量与逻辑,且内容丰富。从认识数字、数数、数的合成分解、计算,到量的多寡、高矮、轻重,以及规律模式的序列、逻辑推理、排序等,循序渐进的题目设计,配合孩子的认知发展阶梯,由浅入深。父母在陪孩子解题时,可以搭配书本的附件,也可以拿家里的钱币、棋子、积木……以实物操作协助孩子思考。

做了本书的题目之后,建议您在生活中延伸书中的概念,例如带孩子爬楼梯时,从阶梯的底下开始往上爬,就带着他念1、2、3、4、5……原本单纯地上阶梯,若配合孩子反复数数,就会很快让孩子认识数字的顺序。当孩子认识了0~9的数字后,走在路上发现自己会看门牌、读车牌等,他们会很有成就感。日常生活中,经常制造机会让孩子用糖果、水果、积木等具体的物品,体会1~10代表的"量"、比较大小,或做数的合成分解练习。例如左手拿3颗葡萄、右手拿2颗葡萄,让孩子数一数总共有几颗。孩子想吃4颗糖,先给2颗,再问他还差几颗才够4颗。总而言之,本书可以当成一个学习数学的起点,有了开始,父母即可随时随地配合环境,引领孩子探索数学。更重要的是,有趣的学习方式可帮助孩子亲近数学,激发其学习动机。

培养解决问题的态度

由于题目难度不同,如果孩子在解题过程中感到困难,可能是孩子的年龄成熟度还不够,请耐心地等一段时间,再让孩子试试看。因为这是一本游戏书,不是功课,更不是考试,当孩子做错或是不会,父母千万不能告诉孩子该怎么解题,或是直接动手帮忙,更不要责怪孩子。父母经常直接告诉孩子答案,会造成孩子养成不愿思考、不会思考的习惯;再者,孩子在父母插手的当时,自信心会受到打击,如此的挫折感会成为潜意识的排斥,对日后的学习多少有些影响。

所以,请用鼓励、耐心等待、由浅入深、循序渐进的方式,留些时间和空间让孩子自己发现和体会,培养孩子独立解决问题的态度和能力。

毕竟一生的解决问题的能力,比一时的标准答案更加重要啊!希望本书能带领您和您的孩子一起进入好玩的数学世界。

蔡慧如

1960年春天生
中国台湾地区文化大学
青少年儿童福利系毕业

经历:
新学友书局儿童周刊主编
方向文化出版社总编辑
唐吉出版社总编辑
柯德教具公司教案设计
台湾地区亲子数学协会种子老师
大方数学教室负责人
数学教学资历15年

作品:
《柯德教具学习手册(共12册)》
《好玩的新数学:启蒙篇》
《好玩的新数学:初级篇》

孩子每做完一页,请让孩子贴上**姆姆抱抱鼓励贴纸**奖励孩子吧!

数的观念

姆姆、波波数一数

数数看,波波有几只?姆姆有几只?请在姆姆和波波旁边的 □ 中,写上正确数字。

姆姆抱抱
鼓励贴纸

给爸妈的话:数数是认识数量的第一步,也是建立"量感"不可缺少的练习。

波奇的鱼

序列观念

波奇钓到好多鱼，但是有些鱼的颜色不见了，请依照颜色的顺序，将鱼涂上正确的颜色。

给爸妈的话："序列观念"是逻辑推理基础能力之一。

姆姆和波波

思维转换

🐬是○，🐦是△，请将左图的🐬和🐦换成○和△，画在右图同样的位置上。

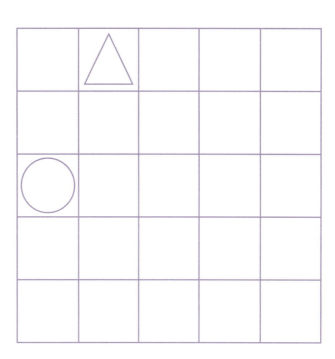

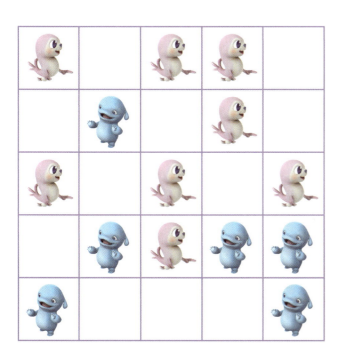

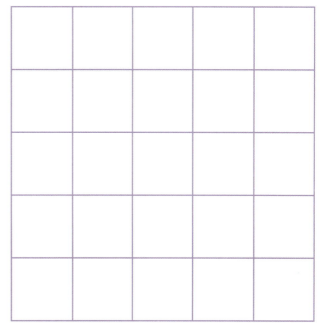

给爸妈的话：思维转换是抽象思考的第一步，可以培养孩子的观察力及位置对应能力，对提升专注力也很有帮助。

数的观念

排队的气球鱼

哇,气球鱼排成好长的队伍,请依序数一数,并把正确的"数字贴纸"贴在 ◯ 上。

给爸妈的话:有规律地点数,不重复、不遗漏,是学习正确数数的基本原则。

间接比较

来玩跷跷板

玩跷跷板时，重的会往下。请仔细观察，在 ◯ 中将最重的打 ◯，最轻的打 ✕。

姆姆抱抱
鼓励贴纸

给爸妈的话：间接地比较和推理难度略高，但可以增强孩子的思考耐力，养成思考习惯。

小章鱼不见了

章鱼婆婆找不到小章鱼,原来他躲在水草后面。请数一数,他在第几株水草后面,并圈出来。

进位观念

姆姆抱抱
鼓励贴纸

给爸妈的话:超过10的数数是进位的概念,孩子容易混淆,可以多和孩子练习。

序列观念

小企鹅爱晒鱼

小企鹅把抓到的鱼都吊起来晒,请依照鱼颜色的顺序规律,将鱼涂上正确的颜色。要注意喔,每条线上鱼颜色的顺序规律都不一样。

给爸妈的话:序列游戏可提升孩子的观察力及逻辑推理能力,请引导孩子注意看颜色的变化。

数字找一找

这里有好多数字和图案，请把数字1~20依照顺序圈出来吧！

数的观念

故事换你讲

因果关系

请仔细看看下面的四张图,用 1~4 标示图的先后顺序,并用自己的话来讲故事。

姆姆抱抱
鼓励贴纸

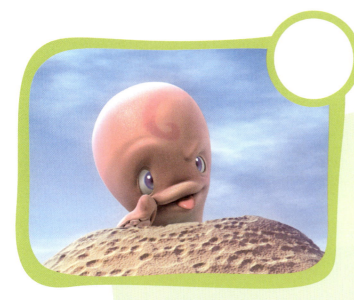

给爸妈的话:这题没有标准答案,请让孩子用自己的逻辑自由讲故事,也可以引导孩子练习"因为……所以……"的句型。故事可改编或加长,多练习就会一次比一次说得好。

姆姆拼图

请仔细看姆姆拼图,找找看,旁边有 3 张图并不在姆姆拼图里,请把它们圈出来。

部分与整体

姆姆抱抱
鼓励贴纸

给爸妈的话:这是需要孩子发挥观察力的题目,爸妈可以引导孩子把拼图里的图一个一个找出来删掉,就能得到答案喽!

姆姆的花园

数一数每个花圃有几颗种子，把数量写在 🟠 中，再把"花朵贴纸"贴到正确的花圃上。

对应观念

姆姆抱抱
鼓励贴纸

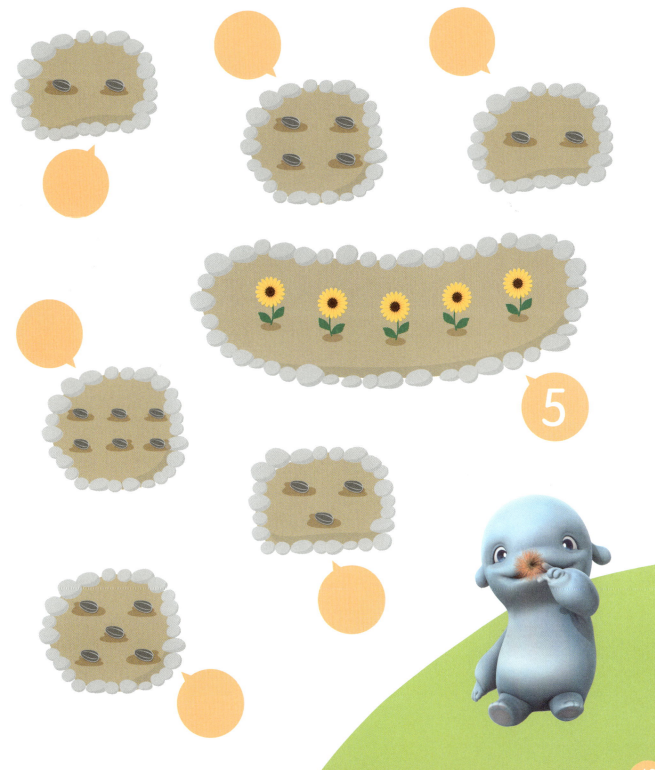

给爸妈的话：孩子学习数与量的对应时，爸妈可以引导孩子先数数看有几颗种子，再找出正确的花朵贴纸。

比较观念

比一比谁最高

请仔细看下面两张图，分别把最高的圈出来。

姆姆抱抱
鼓励贴纸

给爸妈的话：请引孩子耐心观察，也可试试用尺来测量。

思维转换

姆姆的表情

姆姆的四种表情各有不同符号,请在 ○ 中把对应的符号画下来,然后在 ( ) 中写下每个符号各有几个。

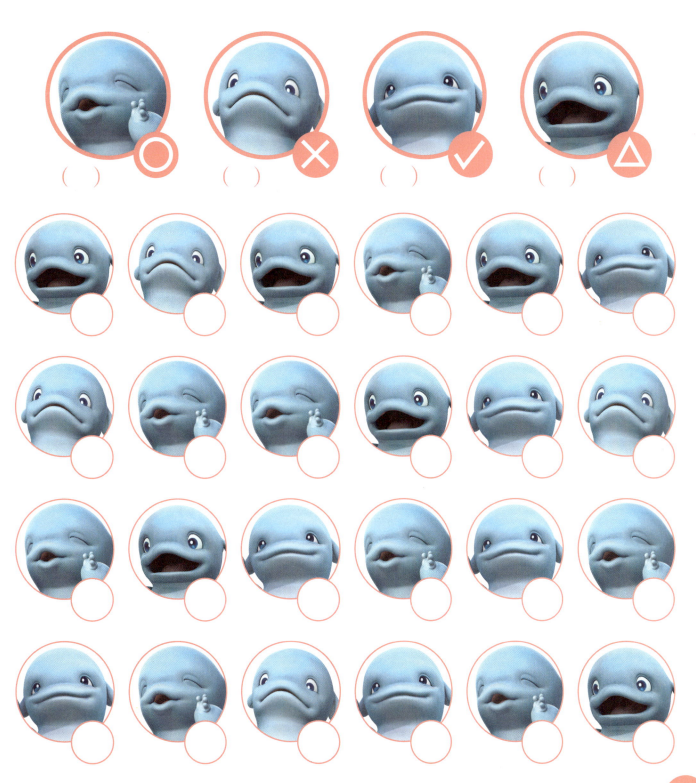

给爸妈的话:思维的转换,需要有很好的观察力和专注力,如果孩子没耐心,可以让孩子分多次完成。

推理能力

魔法对对碰

奇怪！姆娃岛的朋友们都变得不一样了，请用线连一连，帮他们找回原来的样子。

姆姆抱抱鼓励贴纸

给爸妈的话：请鼓励孩子从颜色和细节去进行推理与判断，培养观察力。

比较观念

弹珠和水杯

把弹珠放进杯子里,杯子里的水位会升高。请圈出每排中水位最高的杯子。

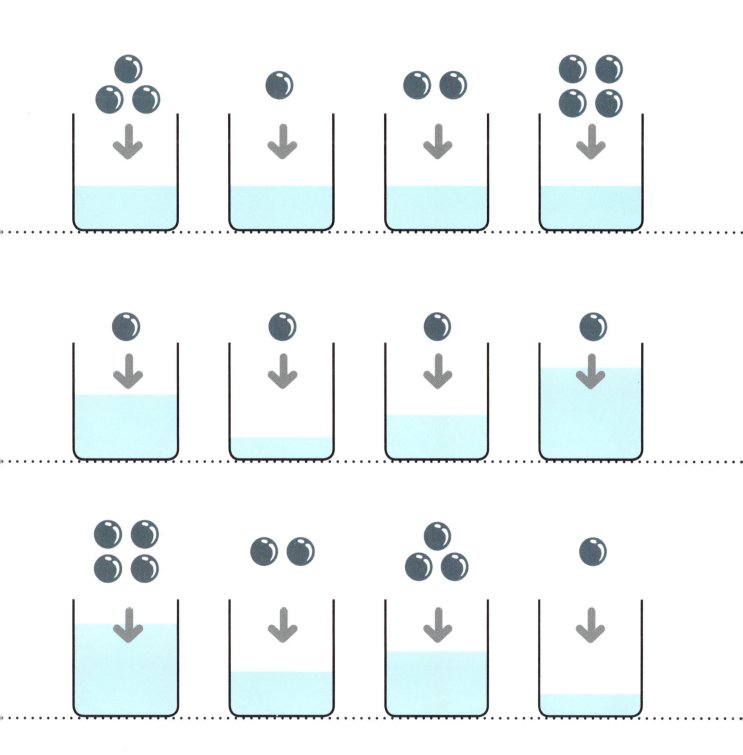

给爸妈的话:可以利用实物进行操作,更能引导孩子观察珠子的多寡与水位差异间的关系,帮助孩子辨别体积与容量的大小关系。

思维转换

哪个字母最多

数一数、想一想,每个圈圈里最多的字母是什么呢?请把正确答案写在〇中。

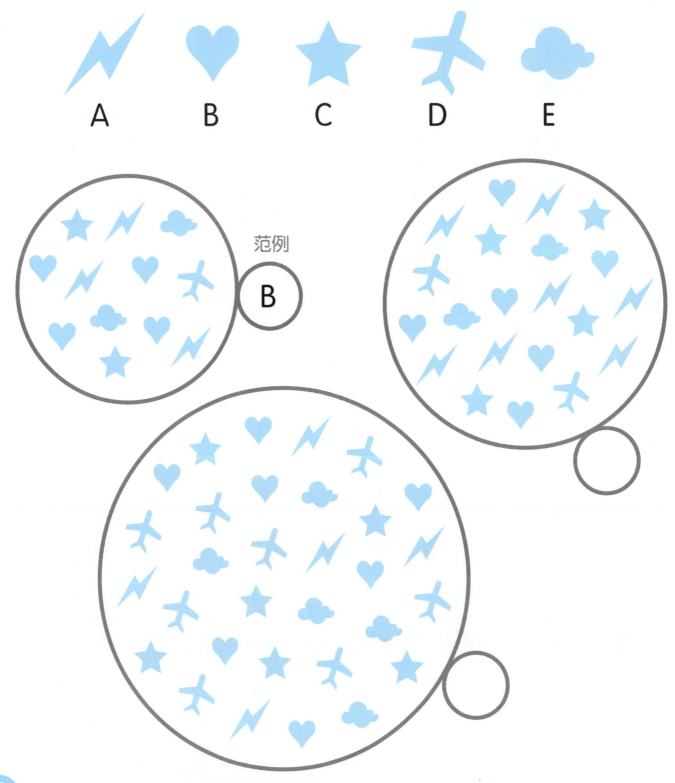

给爸妈的话:思维转换需要一点耐心和技巧,爸妈可以请孩子先找出每个圈圈中最多的符号,就可以知道是什么字母了。

姆姆找寄居蟹

寄居蟹藏在哪里呢？请按照10、20、30到100的顺序，帮姆姆找出寄居蟹。

姆姆抱抱鼓励贴纸

数的观念

只能走竖线或横线喔！

保留观念

选出最大的图形

用一样大的正方形组成下面各个图形,请把最大的图形涂上颜色。用眼睛看不一定对喔!动手数数看。

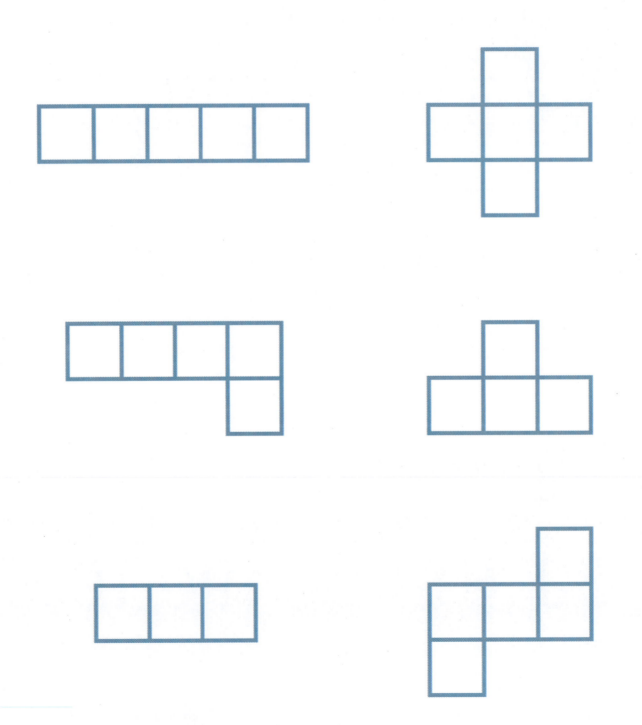

给爸妈的话:"等积异形"是重要的基础"量感",多练习可培养敏锐的判断力。

各有几个呢

姆姆收到好多礼物,请帮姆姆数数看,他收到的礼物各有几个?把答案写在○中。

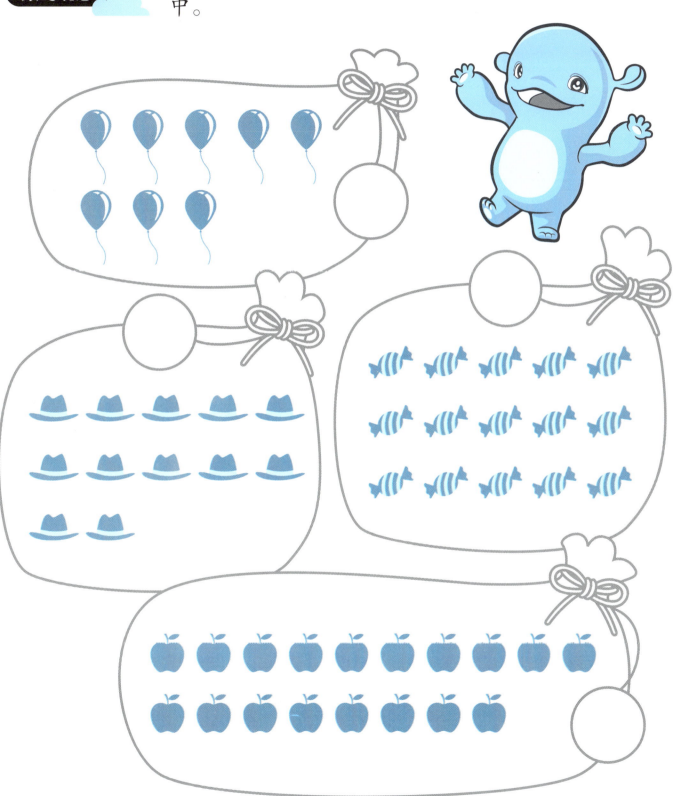

给爸妈的话:礼物以5个或10个一排,让孩子养成按照顺序、一排排进行数数的良好习惯,不易出错,就可建立信心。

对应观念

花和蝴蝶

一朵花只能停一只蝴蝶,有几只蝴蝶不能停在花上呢?请把答案写在 ▢ 中。

给爸妈的话:这样的题型也是数数,但需要一些技巧,如果孩子有点困扰,可以请孩子用配对圈起来的方式找出答案。

哪一边比较多

数的观念

请数数看,哪一边比较多?在多的那边打 ✓。

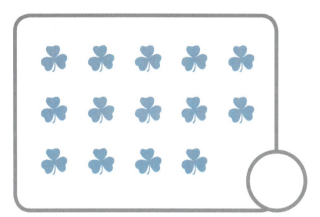

给爸妈的话:如果孩子慢慢数,当然也可以得到答案,不过爸妈也可以引导孩子用观察排数的方式找答案喔!

圈出最大的图形

每个小三角形都一样大,请圈出最大的图形。想一想,不同的图形也可能一样大喔!

保留观念

给爸妈的话:爸妈可以用实际的三角形图形来引导孩子,就能慢慢建立"等积异形"的概念。

进位观念

姆姆的石头

姆姆捡了多少颗石头呢？请帮姆姆数一数。先将 10 颗一组圈起来，然后在 ▢ 中写下正确的数字。

姆姆抱抱
鼓励贴纸

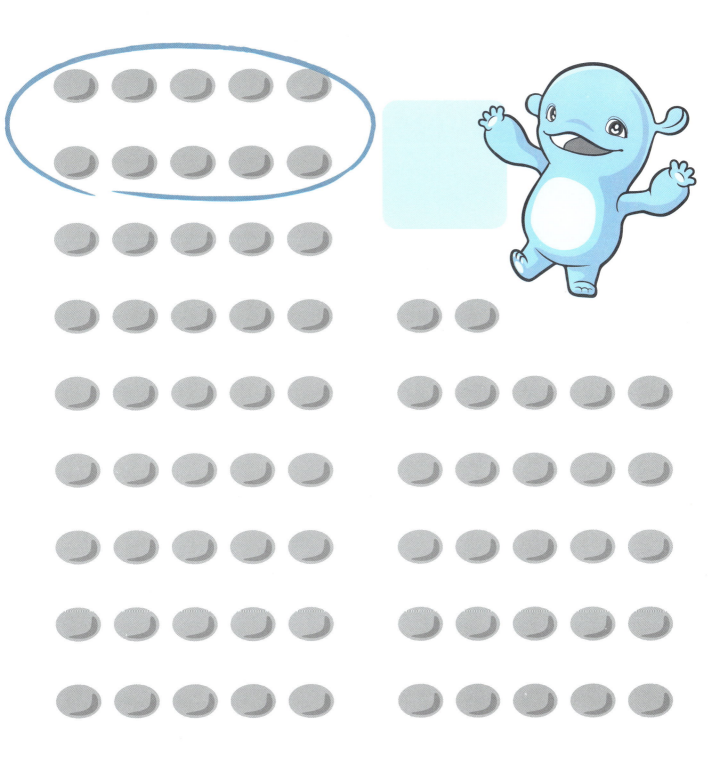

给爸妈的话：几个几个地数是培养倍数概念的基本练习。

数的观念

数量对对碰

请分别数一数,在〇中写下每个东西的数量,再把数量相同的用线连起来。

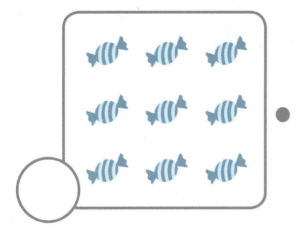

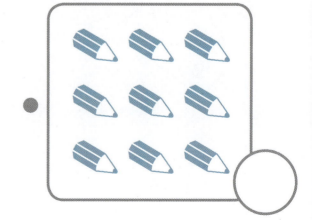

给爸妈的话:这个题型有数与量的概念和比较,请爸妈先引导孩子写下正确的数字,再找出答案。

姆姆找影子

咦？姆姆的影子是哪个呢？仔细观察和比较，用线帮姆姆找到正确的影子吧！

推理能力

给爸妈的话：如果孩子一开始觉得有点难，不妨提示孩子先将左边的姆姆遮住一半进行观察，可以帮助孩子找答案。

进位观念

和谁一起玩

姆姆和谁一起玩呢？请按照偶数的顺序，从 2 连到 66 就知道了。最后请涂上喜欢的颜色。

姆姆抱抱鼓励贴纸

给爸妈的话：这是建立偶数概念的练习。此外，握笔连接、运笔涂色对孩子手指的小肌肉发展很有帮助喔！

分类能力

颜色不见了

咦？大家的颜色都不见了，请帮忙涂上去吧！动物是黄色、植物是绿色、玩具是蓝色、衣服是红色。

给爸妈的话：用孩子日常生活中常见的事物进行归类，有助于培养分类能力。

数量连连看

下面的图要连到哪一个数字才对呢？请先数一数，再连起来。

数的观念

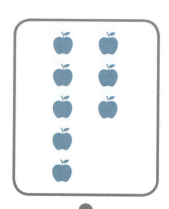

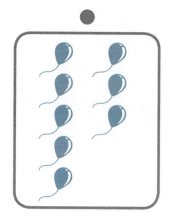
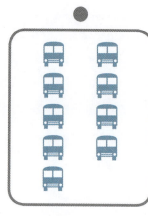

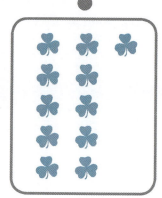

给爸妈的话：这是数字符号与数量转换的练习，强化孩子在具体图形和抽象数字间的转换能力。

倍数观念

蝴蝶真美丽

好多蝴蝶喔！请先数数看，共有几只蝴蝶？把 4 只蝴蝶作为 1 组，总共可以分成几组？

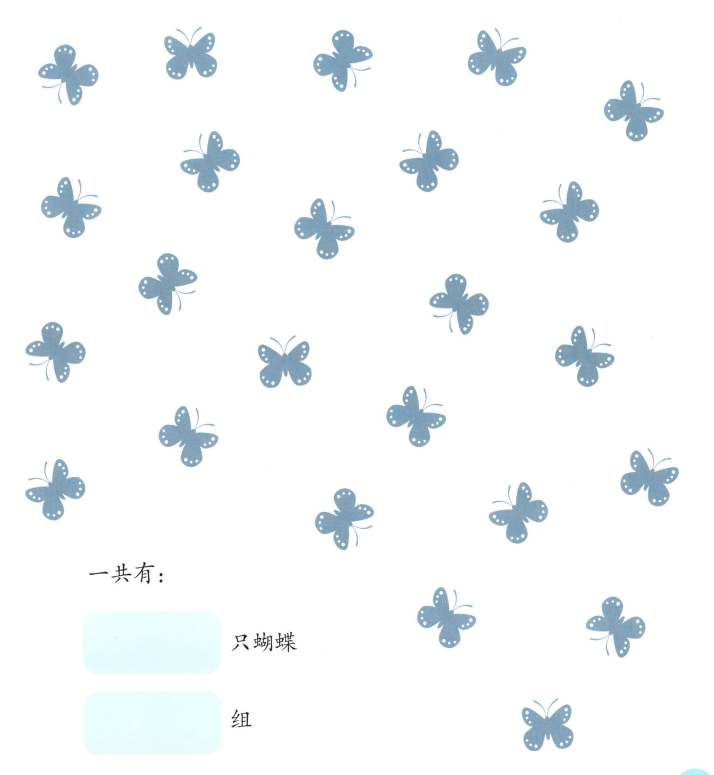

一共有：

☐ 只蝴蝶

☐ 组

给爸妈的话：可引导孩子4个4个圈起来，通过游戏和数数，培养孩子的倍数概念，以及分分看（除法）的基础概念。

时钟对对碰

请把相同时间的时钟,用线连起来吧!

时间观念

姆姆抱抱
鼓励贴纸

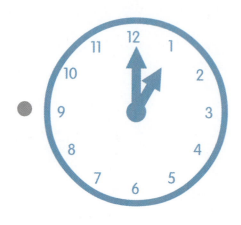

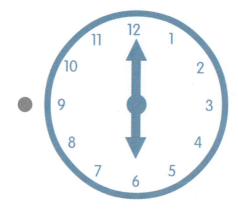

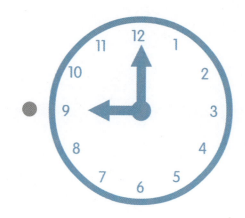

给爸妈的话:时间是生活中最常运用到的数学概念,爸妈可以引导孩子先认识整点的时针、分针位置。

小鱼迷宫

请沿着正确的路走到出口，算一算可以找到几条鱼，写在▢中。

分合能力

姆姆抱抱
鼓励贴纸

条

给爸妈的话：这个题型是让孩子练习连续加法。请引导孩子先将前两组鱼相加，再将所得出的结果与下一组鱼相加。

拼图动动脑

请仔细看左边的图,想一想是由右边哪三张图拼成的呢?请在〇中涂上颜色。

部分与整体

 →

 →

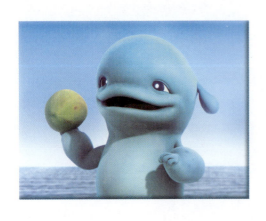 →

给爸妈的话:请引导孩子用拼图的概念来作答,不要被不完整的小图吓到了。

时间观念

姆姆找波波

姆姆要去找波波,该怎么走呢?请按照时钟1点到5点的顺序,就可以走到喽!

姆姆抱抱
鼓励贴纸

给爸妈的话:此游戏旨在加强孩子对于长针和短针的认识,爸妈可以拿真实的时钟操作,帮助孩子加深印象。

因果关系

美丽的花朵

从种子到开花有一定的顺序，请按"花"的成长顺序贴上正确的"成长贴纸"吧！

姆姆抱抱
鼓励贴纸

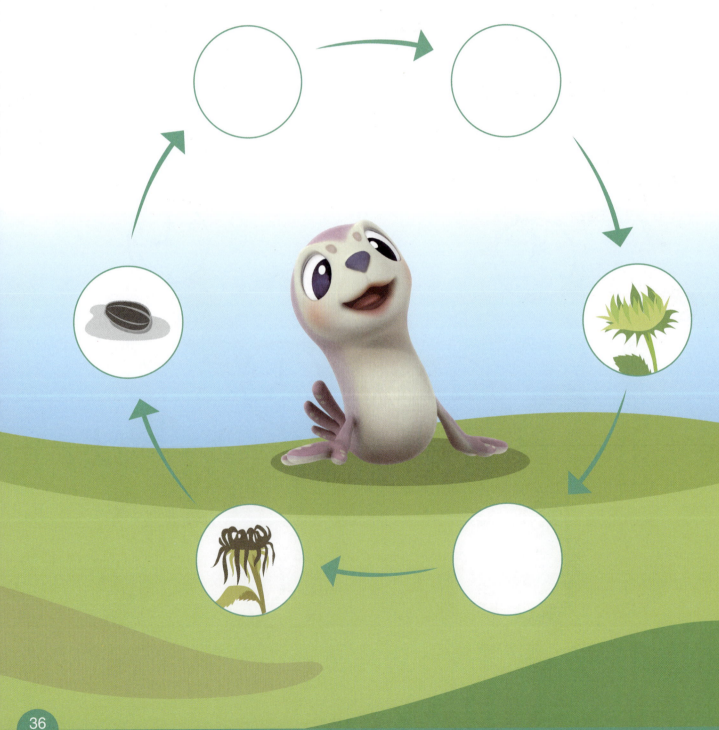

给爸妈的话：在进行游戏前，爸妈可以先跟孩子解释"花"的成长过程，再让孩子选择正确的贴纸。

我的大钱罐

钱罐里有好多钱币,每组钱币共有多少元钱呢?请在○中写下正确的数字。

金钱观念

 10 元  5 元   1 元

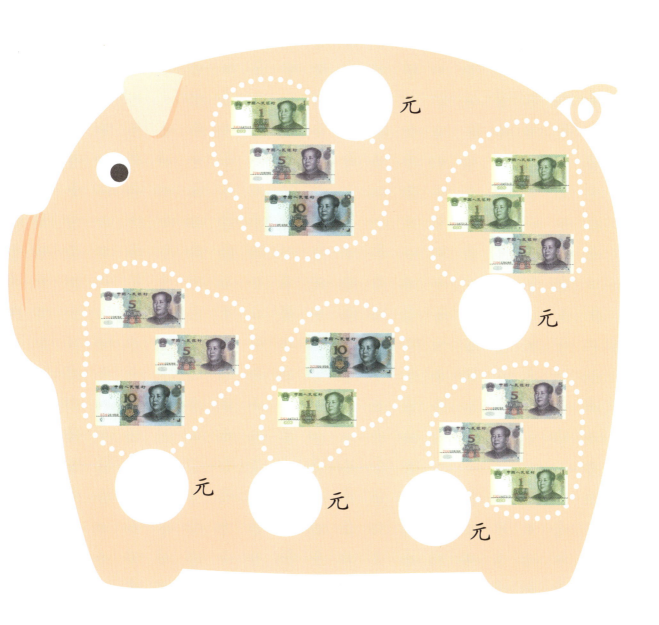

比较观念

量一量谁最矮

请先沿线剪下左边的尺，量一量 4 个人的身高，并圈出最矮的。

姆姆抱抱
鼓励贴纸

给爸妈的话：请孩子剪下左边的尺，实际测量看看；也可以请孩子量量其他的东西，帮助孩子感知长短。

倍数观念

一起来分鱼

鱼缸里有好多鱼,请把 5 条鱼圈起来分成一小缸,共可以分成几缸呢?请写在 ▢ 中。

姆姆抱抱
鼓励贴纸

给爸妈的话:练习5的倍数概念。

找出不一样的东西

每一个框框中都有一个东西和其他东西不同类,请把它圈出来。

分类能力

姆姆抱抱
鼓励贴纸

 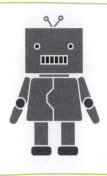  

给爸妈的话:如果孩子的观念不是很清楚,爸妈可以引导孩子先找出哪些是同一类,也可以给点线索,例如哪些是可以吃的、哪些不能吃,相信对孩子分类观念的建立会很有帮助。

小钱包

哪一组钱币的数字加起来等于左边的数字呢？请在 ◯ 打 ✓。

金钱观念

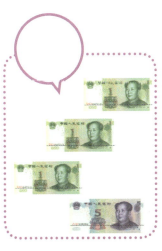
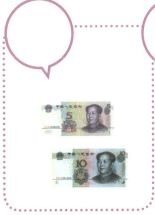

给爸妈的话：爸妈可以拿钱币让孩子实际练习看看，因为实物操作对孩子的学习有很显著的效果。

水果拼盘

请把左右两边的水果加起来，并在 ☐ 中写出正确的数字。

给爸妈的话：如果孩子还没有数的合成分解能力时，爸妈可以引导孩子运用数数的方法来作答。在日常生活中，可以用糖果、棋子等实物反复练习。

波波的花

好多美丽的花！请在 ▢ 中写出正确的数字。

分合能力

姆姆抱抱
鼓励贴纸

给爸妈的话：每题第一排的总数都是10。请孩子练习10以上的加法，培养十进制概念。

金钱观念

够不够买呢

姆姆有 15 美元、波波有 20 美元,他们的钱够不够买想要的东西呢?请在 ▢ 中打 ✓。

姆姆抱抱鼓励贴纸

姆姆想买 🍦 + 🧸 钱够不够呢?

▢ 够　　▢ 不够

波波想买 ✏️ + 🍬 + 🍓 钱够不够呢?

▢ 够　　▢ 不够

给爸妈的话:这是生活应用题,请孩子分别将姆姆和波波要买东西的金额先加出来,再判断能不能买到。

小企鹅的鱼

小企鹅到底有几条鱼呢？请先看第一题示范，再把正确的数字和符号写在第二题的 ▢ 中。

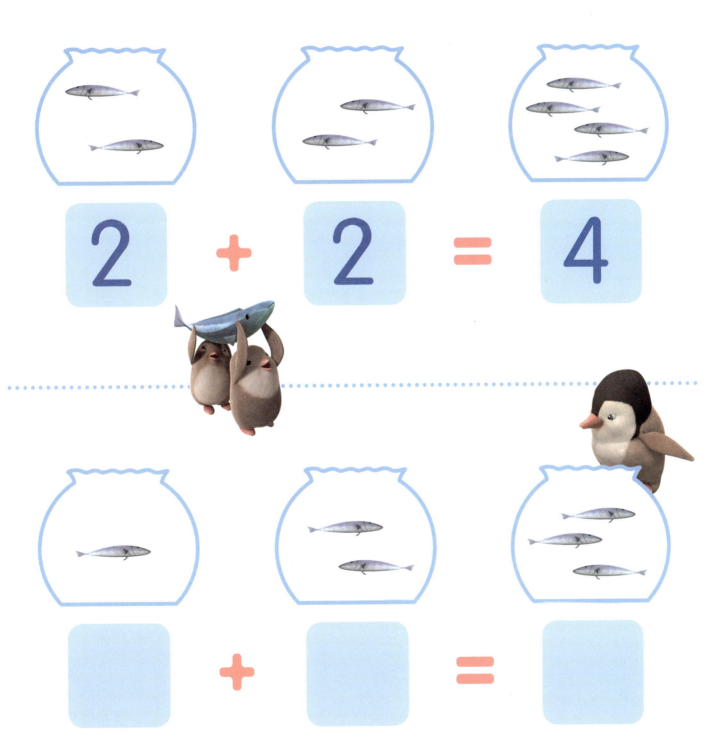

找出正确的结果

请先看左边的线索,再从右边勾选出正确的结果图。

因果关系

 →

 →

 →

 →

给爸妈的话:因果逻辑的建立,需要有敏锐的观察和思考能力,建议爸妈可以请孩子多想想生活上的经验。

姆姆的气球

姆姆有很多气球,给了波奇一些,还剩下多少呢?请先看第一题示范,把正确数字和符号写在 ▢ 中。

姆姆抱抱鼓励贴纸

$$5 - 2 = 3$$

谁的钱比较多

金钱观念

算一算,哪个钱包里的钱比较多呢?请在○中打 ✓。

给爸妈的话:请孩子先将钱币的嗯和转成数字后,再来比大小。

分合能力

鱼怎么不见了

鱼缸里原本都有 10 条鱼，怎么有些鱼不见了？请用"小鱼贴纸"让每个鱼缸都有 10 条鱼。

姆姆抱抱
鼓励贴纸

给爸妈的话：请孩子先将缸里的鱼数转成数字，再来数一数看要补多少张小鱼贴纸，合起来才能算到10，让孩子练习10以内的合成概念。

时间观念

时针和分针

咦？这些手表的时针和分针怎么都不见了呢？请帮姆姆把正确的时间画上去吧！

分合能力

还少几把雨伞

姆姆需要 9 把雨伞，已经拿出了 6 把，还缺几把呢？请写出正确数字，并把要拿的雨伞涂上颜色吧！

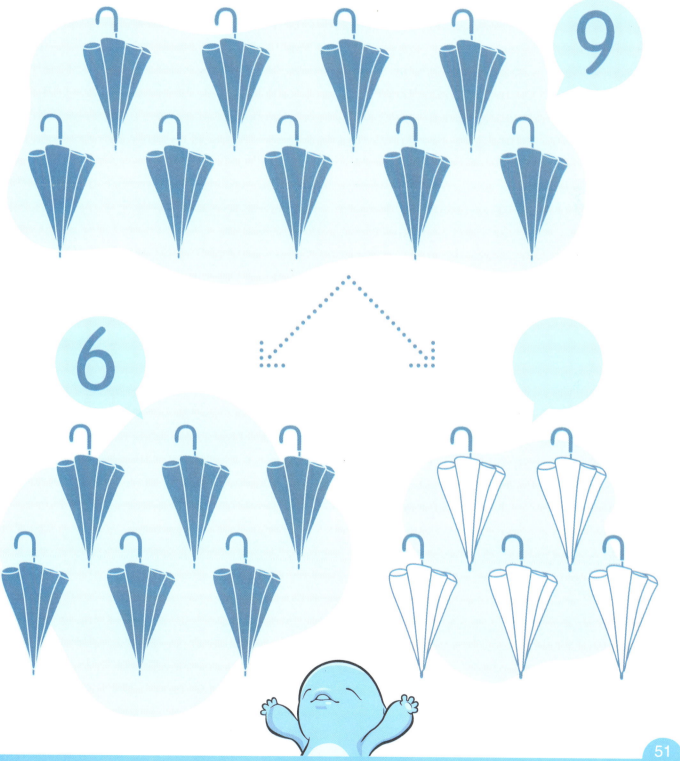

给爸妈的话：这是练习数的分合的题型，请爸妈协助孩子将雨伞的数量转换成数字，再来思考要补画几把雨伞。

积木叠叠乐

保留观念

每一块小积木都一样大,请勾出最大的组合积木。

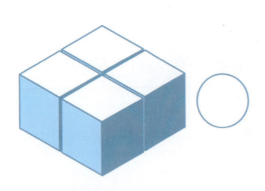

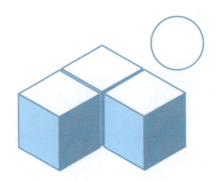

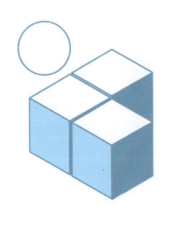
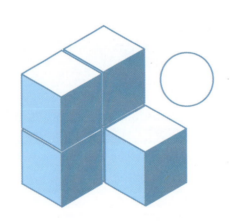
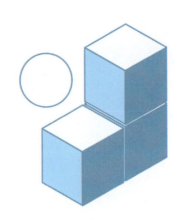

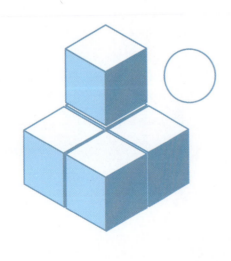
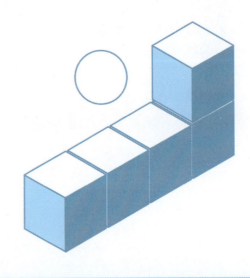

给爸妈的话:实际动手操作积木,是建立体积概念的好方法,让孩子在过程中发现并理解"等积异形"的保留观念。

一起摘苹果

请算一算，并把正确数量的"苹果贴纸"贴在篮子里。

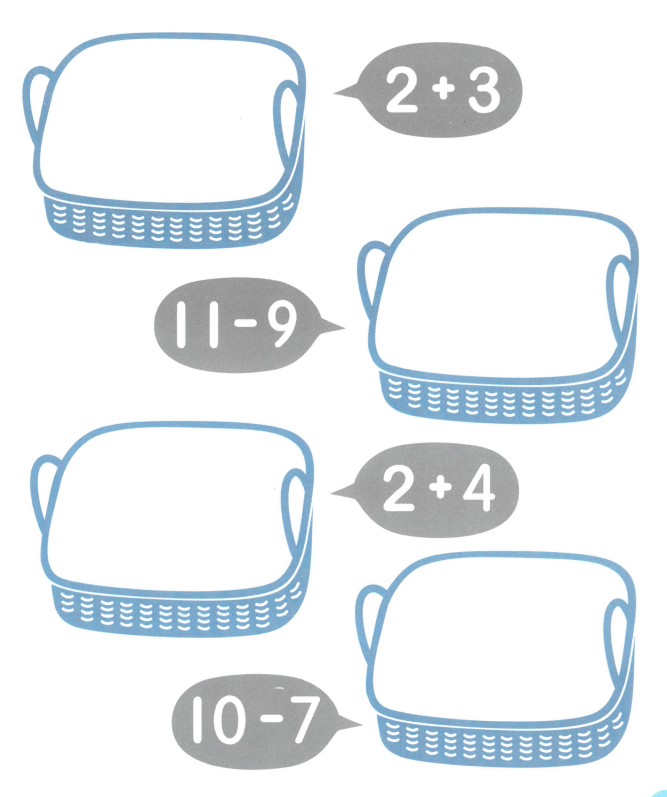

分合能力

分糖果

1人分1颗糖,还剩几颗?请把答案写在 ▢ 中,再把剩下的糖果数量画在右边的空盘子上。

6 − 5 = ▢

10 − 4 = ▢

给爸妈的话:这是减法计算能力的练习。如果孩子年纪比较小,可以先引导他用1颗糖对应1个人的方式联结,看看还剩几颗糖。

看不见的积木

下面哪个图案不是用5个正方体积木组合成的呢？请在 ○ 中打 ✓。

保留观念

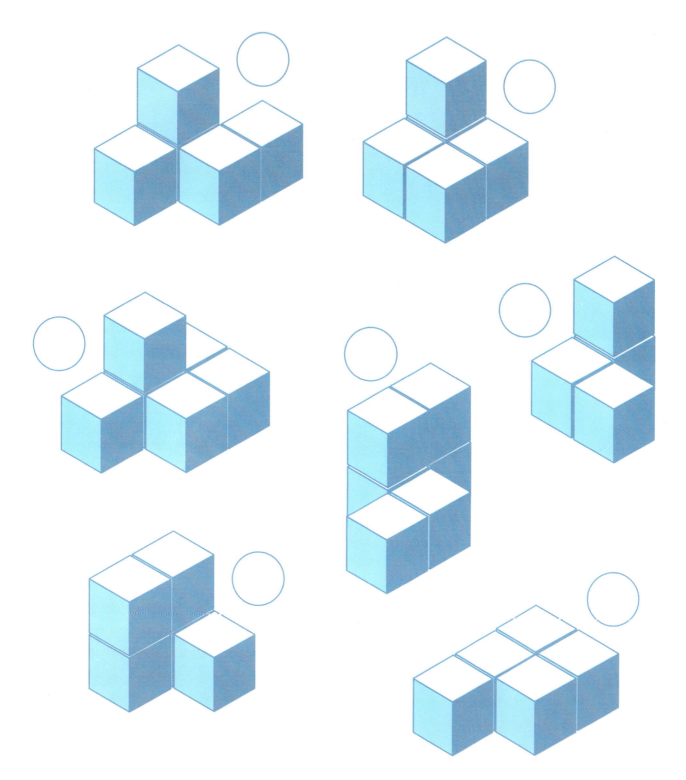

时间观念

哪些时钟坏掉了

现在是两点半，怎么有些时钟的时间不太对呢？请圈出 5 个错误的时钟。

神秘的彩色蛋

姆姆捡到一颗神秘的蛋，请依照算出来的数字，涂上对应的颜色，就可以知道是谁的蛋了。

分合能力

0紫色　5黄色　10红色　15粉红色　20蓝色

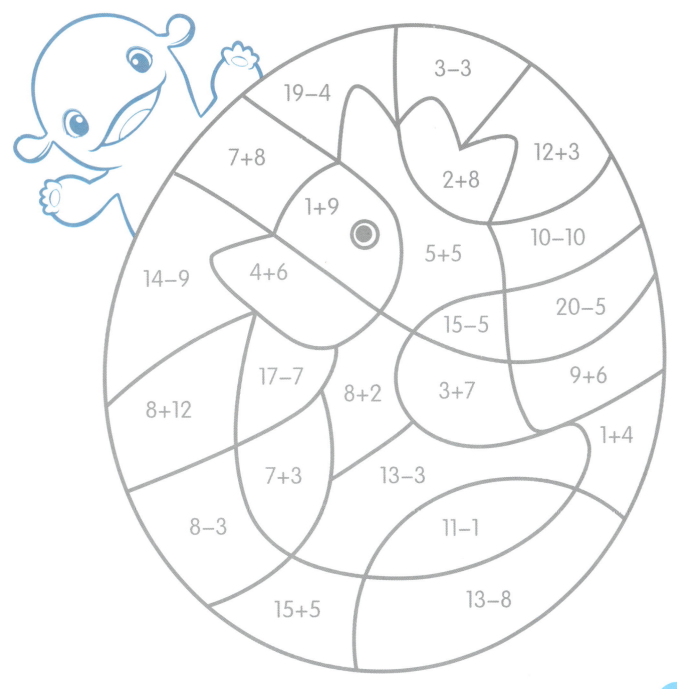

给爸妈的话：这是20以内的加减练习，请鼓励孩子耐心完成。

解答

P3
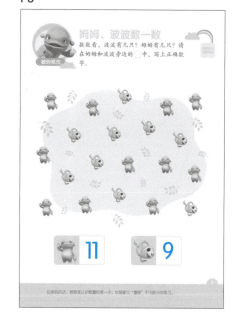

P4
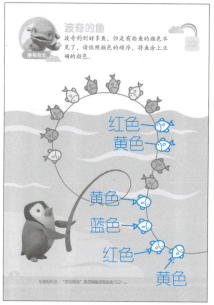

P5
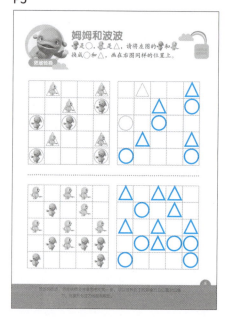

P6
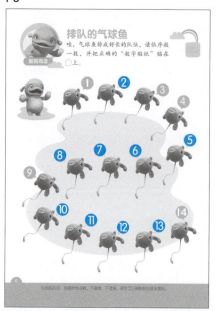

P7
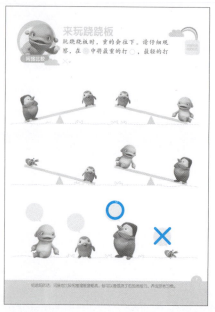

P8

P10

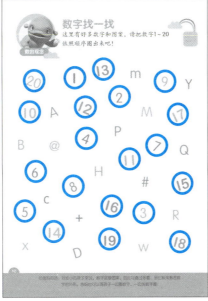
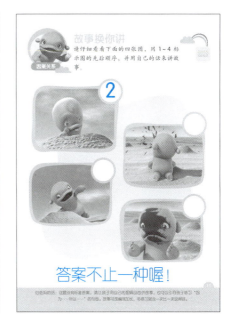

P12

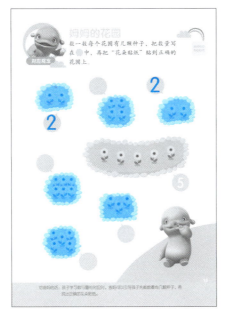
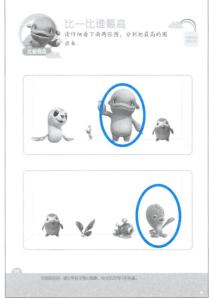

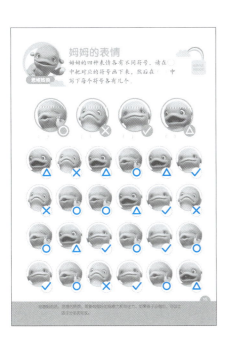

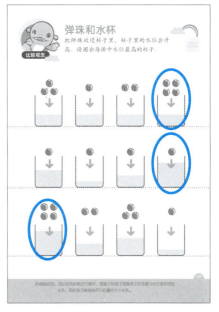

P18 哪个字母最多
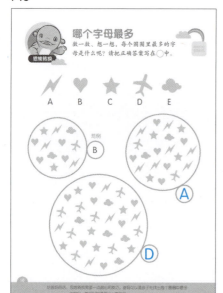

P19 姆姆找寄居蟹
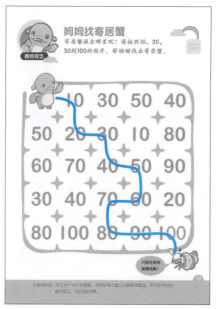

P20 选出最大的图形
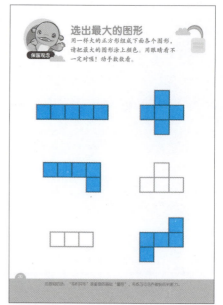

P21 各有几个呢
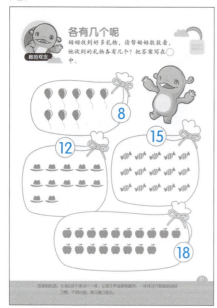

P22 花和蝴蝶
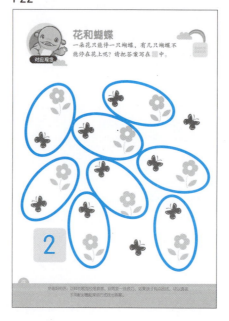

P23 哪一边比较多
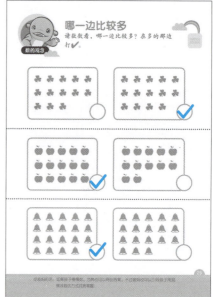

P24 圈出最大的图形
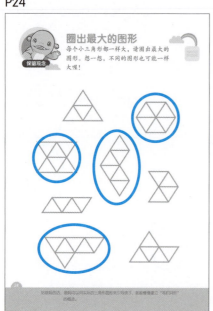

P25 姆姆的石头
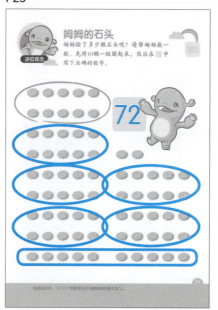

P26 数量对对碰
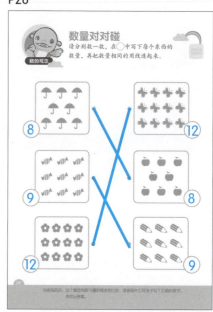

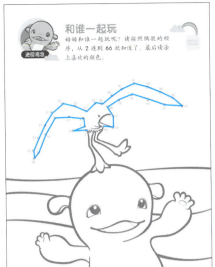

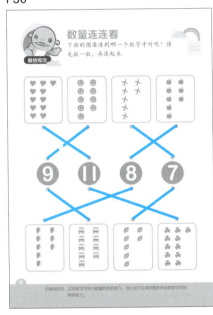
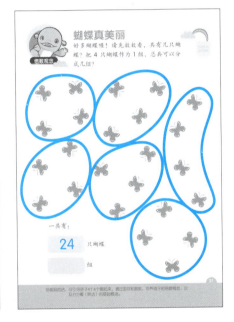
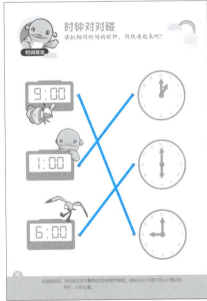
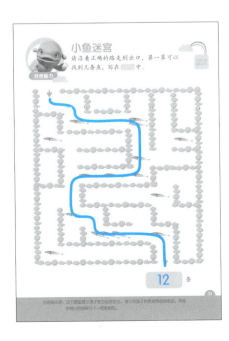
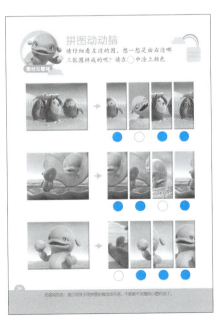

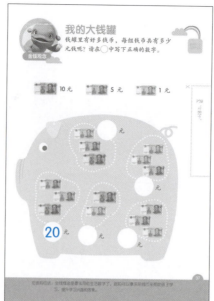

P40

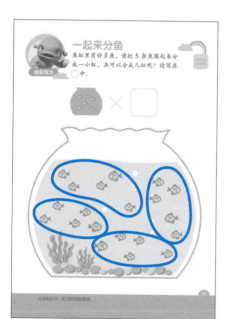

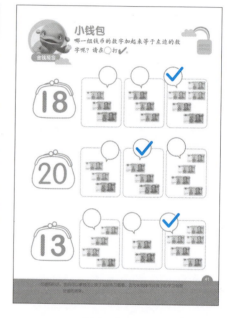

P42

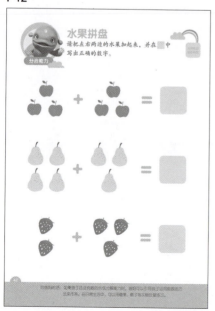
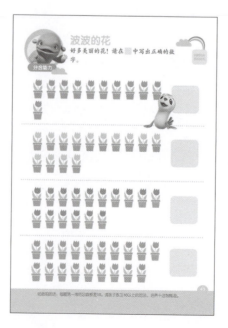

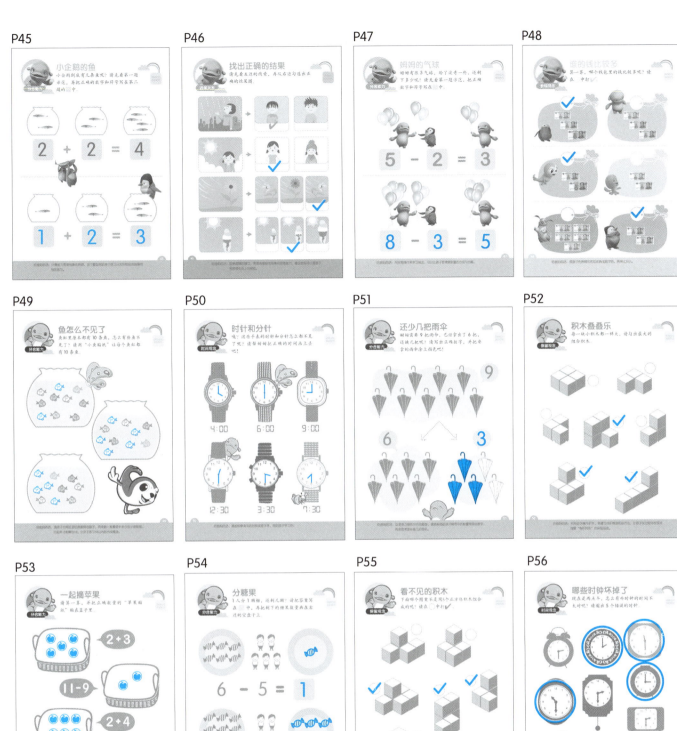

（共15册）

版权专有　侵权必究

图书在版编目（CIP）数据

数学原来这么好玩.1/星期八编辑部编著.— 北京：北京理工大学出版社，2012.8
（星期八优学力系列）
ISBN 978-7-5640-5855-5

Ⅰ.①数…　Ⅱ.①星…　Ⅲ.①数学课—学前教育—教学参考资料　Ⅳ.① G613

中国版本图书馆 CIP 数据核字 (2012) 第 078541 号

北京市版权局著作权合同登记号　图字：01-2012-2879 号

　　本书中文繁体字版本由推守文化创意股份有限公司在中国台湾地区出版，今授权北京理工大学出版社有限责任公司在中国大陆地区出版其中文简体字平装本版本。该出版权受法律保护，未经书面同意，任何机构与个人不得以任何形式进行复制、转载。
　　项目合作：锐拓传媒 copyright@rightol.com

出版发行 / 北京理工大学出版社	
社　　址 / 北京市海淀区中关村南大街 5 号	
邮　　编 / 100081	
电　　话 /（010）68914775（办公室）　68944990（批销中心）　68911084（读者服务部）	
网　　址 / http://www.bitpress.com.cn	
经　　销 / 全国各地新华书店	
排　　版 / 北京润星之源文化有限责任公司	
印　　刷 / 北京中科印刷有限公司	
开　　本 / 880 毫米 × 1230 毫米　1/16	
印　　张 / 4	
字　　数 / 90 千字	
版　　次 / 2012 年 8 月第 1 版　2012 年 8 月第 1 次印刷	责任校对 / 陈玉梅
定　　价 / 16.80 元	责任印制 / 边心超

图书出现印装质量问题，本社负责调换